56 Recetas de Jugos Para Incrementar la Fertilidad:

Haga su Camino Con Jugos Hacia Niveles de Fertilidad Más Altos a Través de Ingredientes de la Naturaleza

Por

Joe Correa CSN

DERECHOS DE AUTOR

© 2018 Live Stronger Faster Inc.

Todos los derechos reservados

La reproducción o traducción de cualquier parte de este trabajo, más allá de lo permitido por la sección 107 o 108 del Acta de Derechos de Autor de los Estados Unidos, sin permiso del dueño de los derechos es ilegal.

Esta publicación está diseñada para proveer información precisa y autoritaria respecto al tema en cuestión. Es vendido con el entendimiento de que ni el autor ni el editor están envueltos en brindar consejo médico. Si éste fuese necesario, consultar con un doctor. Este libro es considerado una guía y no debería ser utilizado en ninguna forma perjudicial para su salud. Consulte con un médico antes de iniciar este plan nutricional para asegurarse que sea correcto para usted.

RECONOCIMIENTOS

Este libro está dedicado a mis amigos y familiares que han tenido una leve o grave enfermedad, para que puedan encontrar una solución y hacer los cambios necesarios en su vida.

56 Recetas de Jugos Para Incrementar la Fertilidad:

Haga su Camino Con Jugos Hacia Niveles de Fertilidad Más Altos a Través de Ingredientes de la Naturaleza

Por

Joe Correa CSN

CONTENIDOS

Derechos de Autor

Reconocimientos

Acerca Del Autor

Introducción

56 Recetas de Jugos Para Incrementar la Fertilidad: Haga su Camino Con Jugos Hacia Niveles de Fertilidad Más Altos a Través de Ingredientes de la Naturaleza

Otros Títulos de Este Autor

ACERCA DEL AUTOR

Luego de años de investigación, honestamente creo en los efectos positivos que una nutrición apropiada puede tener en el cuerpo y la mente. Mi conocimiento y experiencia me han ayudado a vivir más saludablemente a lo largo de los años y los cuales he compartido con familia y amigos. Cuanto más sepa acerca de comer y beber saludable, más pronto querrá cambiar su vida y sus hábitos alimenticios.

La nutrición es una parte clave en el proceso de estar saludable y vivir más, así que empiece ahora. El primer paso es el más importante y el más significativo.

INTRODUCCIÓN

56 Recetas de Jugos Para Incrementar la Fertilidad: Haga su Camino Con Jugos Hacia Niveles de Fertilidad Más Altos a Través de Ingredientes de la Naturaleza

Por Joe Correa CSN

Alrededor del 15% de las parejas se ven afectadas por algún tipo de problema de fertilidad. Lamentablemente, la mayoría de las parejas luchan durante años con este problema y afecta su relación, su salud mental y su vida en general. Sin saberlo, repiten algunos malos hábitos que afectan su fertilidad todos los días.

Por suerte, a menos que tenga algún problema médico grave, existen algunas formas y pasos fáciles para ayudarlo a mejorar su fertilidad general. Todos los médicos están de acuerdo en que el estilo de vida y la dieta afectan la fertilidad hasta en un 69%. Este gran porcentaje puede convertirse fácilmente en realidad mediante la adopción de algunos buenos hábitos y pequeños cambios que harán maravillas para su cuerpo y su salud sexual.

Existen algunas formas naturales y saludables que han demostrado ayudar a mejorar la fertilidad:

1. ¡Comience su día con un gran desayuno! Comer un buen desayuno no solo lo ayudará a aumentar sus niveles de energía, sino que también mejorará el equilibrio hormonal que necesita para mejorar la fertilidad.

2. ¡Elija alimentos ricos en antioxidantes! Se sabe que los antioxidantes desactivan los radicales libres en su cuerpo que preservan directamente tanto las células del esperma como las de los óvulos.

3. ¡Reduzca los carbohidratos, especialmente los refinados! Una dieta baja en carbohidratos a menudo se recomienda como parte del tratamiento para las mujeres con ovarios poliquísticos. Además, este tipo de dieta le ayudará a reducir el peso y los niveles de insulina, lo que a cambio ayudará a la regularidad menstrual.

4. Coma más fibra en forma de frutas, verduras y granos enteros. Algunos tipos de fibra ayudan a eliminar el exceso de estrógeno del cuerpo, lo que conduce a una mejor salud sexual.

5. ¡Manténgase activo y tome tiempo para relajarse! Se ha comprobado que estos dos importantes hábitos de vida le ayudan a resolver no solo los problemas sexuales, sino también muchos otros problemas de salud que pueda tener. Entonces, tómese el tiempo para estar activo y hacer las cosas que disfruta.

Una vez que haya adoptado estos hábitos de vida fáciles y saludables, notará algunos cambios positivos en su cuerpo que se producirán como resultado del equilibrio hormonal y la buena salud sexual. Como dije anteriormente, consumir los alimentos correctos es probablemente lo más importante que puede hacer para mejorar su fertilidad.

Por este motivo, he creado una deliciosa colección de 56 recetas de jugos que te ayudarán a mejorar tus niveles de fertilidad de manera rápida y natural. Estas recetas son altas en fibra, antioxidantes y otros nutrientes importantes que su cuerpo necesita para curarse a sí mismo. ¡Son perfectamente sanos, alucinantes deliciosos y diseñados especialmente para usted! ¡Deles una oportunidad!

56 RECETAS DE JUGOS PARA INCREMENTAR LA FERTILIDAD

1. **Jugo de Espinaca y Moras**

Ingredientes:

1 taza de espinaca fresca, en trozos

1 taza de moras

1 taza de mango, en trozos

3 damascos enteros, en trozos

1 lima entera, sin piel

Preparación:

Lavar la espinaca bajo agua fría. Colar y trozar. Dejar a un lado.

Lavar las moras. Colar y dejar a un lado.

Pelar el mango y trozarlo. Rellenar un vaso medidor y reservar el resto. Dejar a un lado.

Lavar los damascos y cortarlos por la mitad. Remover el carozo y trozar. Dejar a un lado.

Pelar la lima y cortarla por la mitad. Dejar a un lado.

Combinar la espinaca, moras, mango, damascos y lima en una juguera. Pulsar, transferir a un vaso y refrigerar 10 minutos antes de servir.

Información nutricional por porción: Kcal: 201, Proteínas: 11.1g, Carbohidratos: 61.5g, Grasas: 2.6g

2. Jugo Dulce de Manzana y Jengibre

Ingredientes:

1 manzana Granny Smith grande, sin centro y en trozos

1 nudo de jengibre pequeño, sin piel

1 taza de apio, en trozos

1 taza de menta fresca, en trozos

1 cucharadita miel líquida

1 onza de agua

Preparación:

Lavar la manzana y cortarla por la mitad. Remover el centro y trozar. Dejar a un lado.

Pelar el jengibre y trozarlo. Dejar a un lado.

Lavar el apio y trozarlo. Rellenar un vaso medidor y reservar el resto.

Lavar la menta, colar y trozar.

Combinar la manzana, jengibre, apio y menta en una juguera, y pulsar. Transferir a un vaso y añadir el agua y la miel.

Refrigerar 15 minutos antes de servir.

Información nutricional por porción: Kcal: 121, Proteínas: 2.6g, Carbohidratos: 35.8g, Grasas: 0.8g

3. Jugo de Calabaza y Granada

Ingredientes:

1 taza de calabaza amarilla, en cubos

1 taza de semillas de granada

3 ciruelas enteras, sin carozo y en trozos

1 naranja mediana, sin piel

¼ cucharadita jengibre, molido

1 onza de agua

Preparación:

Cortar la parte superior de la calabaza. Cortarla por la mitad y remover las semillas. Cortar un gajo grande y pelarlo. Trozar en cubos y rellenar un vaso medidor. Reservar el resto en la nevera.

Cortar la parte superior de la granada y deslizar hacia las membranas blancas. Remover las semillas a un vaso medidor y dejar a un lado.

Lavar las ciruelas y cortarlas por la mitad. Remover los carozos y trozar. Dejar a un lado.

Pelar la naranja y dividirla en gajos. Cortar cada gajo por la mitad y dejar a un lado.

Combinar la calabaza, granada, ciruelas y naranja en una juguera. Pulsar, transferir a un vaso y añadir el jengibre y agua.

Refrigerar 10 minutos antes de servir.

Información nutricional por porción: Kcal: 214, Proteínas: 5.2g, Carbohidratos: 61.8g, Grasas: 1.8g

4. Jugo de Arándanos y Pomelo

Ingredientes:

1 taza de arándanos

1 pomelo entero, sin piel

1 taza de palta, en cubos

1 manzana Roja Deliciosa pequeña, sin centro

¼ cucharadita extracto de vainilla

Preparación:

Poner los arándanos en un colador y lavar bajo agua fría. Dejar a un lado.

Pelar el pomelo y dividirlo en gajos. Cortar cada gajo por la mitad y dejar a un lado.

Pelar la palta y cortarla por la mitad. Remover el carozo y cortar en cubos. Rellenar un vaso medidor y reservar el resto.

Lavar la manzana y cortarla por la mitad. Remover el centro y trozar. Dejar a un lado.

Combinar los arándanos, pomelo, palta y manzana en una juguera, y pulsar. Transferir a un vaso y añadir el extracto de vainilla. Refrigerar 10 minutos antes de servir.

Información nutricional por porción: Kcal: 436, Proteínas: 6.4g, Carbohidratos: 69.5g, Grasas: 23.2g

5.   Jugo Naranja de Zanahoria

Ingredientes:

1 naranja grande, sin piel

1 zanahoria grande, en rodajas

1 taza de zapallo calabaza, en cubos

1 limón entero, sin piel

1 taza de pepino, en rodajas

¼ cucharadita cúrcuma molida

Preparación:

Pelar la naranja y dividirla en gajos. Cortar cada gajo por la mitad y dejar a un lado.

Lavar y pelar la zanahoria. Cortar en rodajas finas y dejar a un lado.

Lavar la calabaza y cortarla en cubos. Rellenar un vaso medidor y reservar el resto en la nevera.

Pelar el limón y cortarlo por la mitad. Dejar a un lado.

Lavar el pepino y cortarlo en rodajas finas. Rellenar un vaso medidor y reservar el resto.

Combinar la naranja, zanahoria, calabaza, limón y pepino en una juguera, y pulsar. Transferir a un vaso y añadir la cúrcuma.

Agregar hielo picado y servir inmediatamente.

Información nutricional por porción: Kcal: 127, Proteínas: 4.6g, Carbohidratos: 40.7g, Grasas: 0.9g

6. Jugo de Limón y Banana

Ingredientes:

1 taza de frutillas, en trozos

1 limón entero, sin piel

1 banana grande, en trozos

1 taza de ananá, en trozos

1 cucharada de menta fresca, picada

Preparación:

Pelar el limón y cortarlo por la mitad. Dejar a un lado.

Pelar la banana y trozarla. Dejar a un lado.

Lavar las frutillas, trozarlas y rellenar un vaso medidor. Reservar el resto en la nevera.

Cortar la parte superior del ananá. Remover la piel y cortarlo en rodajas. Rellenar un vaso medidor y reservar el resto.

Combinar el limón, banana, frutillas y ananá en una juguera. Pulsar, transferir a un vaso y añadir la menta.

Agregar algunos cubos de hielo y servir.

Información nutricional por porción: Kcal: 224, Proteínas: 4.1g, Carbohidratos: 69.4g, Grasas: 1.3g

7. Jugo de Apio y Cereza

Ingredientes:

1 taza de apio, en trozos

1 taza de cerezas, sin carozo

1 taza de sandía, en cubos

1 nudo de jengibre pequeño, sin piel

1 onza de agua

¼ cucharadita canela molida

Preparación:

Lavar el apio y trozarlo. Rellenar un vaso medidor y reservar el resto. Dejar a un lado.

Lavar las cerezas bajo agua fría. Colar y cortarlas por la mitad. Remover los carozos y dejar a un lado.

Cortar la sandía por la mitad. Cortar un gajo grande y refrigerar el resto. Pelarlo y cortarlo en cubos. Remover las semillas, rellenar un vaso medidor y dejar a un lado.

Pelar el nudo de jengibre y trozarlo. Dejar a un lado.

Combinar el apio, cerezas, sandía y jengibre en una juguera y pulsar. Transferir a un vaso y añadir el agua y canela. Agregar hielo y servir inmediatamente.

Información nutricional por porción: Kcal: 143, Proteínas: 3.4g, Carbohidratos: 40.2g, Grasas: 0.7g

8. Jugo de Pera y Limón

Ingredientes:

1 pera pequeña, en trozos

1 limón entero, sin piel y por la mitad

1 taza de damascos, sin carozo y por la mitad

1 cucharada de miel líquida

1 manzana Granny Smith pequeña, sin centro

1 taza de menta fresca, en trozos

Preparación:

Lavar la pera y cortarla por la mitad. Remover el centro y trozar. Dejar a un lado.

Pelar el limón y cortarlo por la mitad. Dejar a un lado.

Lavar los damascos y cortarlos por la mitad. Remover los carozos y rellenar un vaso medidor. Reservar el resto en la nevera.

Lavar la manzana y cortarla por la mitad. Remover el centro y trozar. Dejar a un lado.

Lavar la menta, colar y trozar. Dejar a un lado.

Combinar la pera, limón, damascos, manzana y menta en una juguera, y pulsar. Transferir a un vaso y añadir hielo antes de servir.

Información nutricional por porción: Kcal: 217, Proteínas: 4.9g, Carbohidratos: 68.5g, Grasas: 1.5g

9. Jugo de Melón y Manzana

Ingredientes:

1 gajo grande de melón dulce, en trozos

1 manzana Zester mediana, sin centro

2 tazas de arándanos

2 onzas de agua de coco

1 cucharada de menta picada

Preparación:

Cortar el melón por la mitad. Remover las semillas y lavar. Cortar un gajo grande y pelarlo. Cortar en cubos y dejar a un lado.

Lavar la manzana y cortarla por la mitad. Remover el centro y trozar. Dejar a un lado.

Lavar los arándanos bajo agua fría. Colar y dejar a un lado.

Combinar el melón dulce, manzana y arándanos en una juguera, y pulsar.

Transferir a un vaso y añadir el agua de coco, extracto de vainilla y menta. Agregar hielo picado y servir inmediatamente.

Información nutricional por porción: Kcal: 283, Proteínas: 3.7g, Carbohidratos: 85.1g, Grasas: 1.5g

10. Jugo de Kiwi y Ananá

Ingredientes:

1 taza de apio, en trozos

1 kiwi entero, sin piel

1 manzana Dorada Deliciosa mediana, sin centro

1 naranja mediana, sin piel

1 cucharada de miel líquida

¼ cucharadita jengibre, molido

Preparación:

Pelar el kiwi y cortarlo por la mitad. Dejar a un lado.

Lavar la manzana y cortarla por la mitad. Remover el centro y trozar. Dejar a un lado.

Lavar el apio y trozarlo. Rellenar un vaso medidor y reservar el resto. Dejar a un lado.

Pelar la naranja y dividirla en gajos. Cortar cada gajo por la mitad y dejar a un lado.

Combinar el kiwi, manzana, apio y naranja en una juguera, y pulsar. Transferir a un vaso y añadir la miel y jengibre.

Refrigerar 15 minutos antes de servir.

Información nutricional por porción: Kcal: 172, Proteínas: 3.5g, Carbohidratos: 51.2g, Grasas: 1.1g

11. Jugo de Manzana y Nuez Moscada

Ingredientes:

1 manzana verde grande, sin centro

¼ cucharadita nuez moscada, molida

1 taza de arándanos agrios

1 pera grande, sin centro

3 frutillas grandes, en trozos

1 naranja grande, sin piel

2 onzas de agua de coco

Preparación:

Lavar la manzana y cortarla por la mitad. Remover el centro y trozar. Dejar a un lado.

Lavar los arándanos agrios bajo agua fría. Colar y dejar a un lado.

Lavar la pera y cortarla por la mitad. Remover el centro y trozar. Dejar a un lado.

Lavar las frutillas y trozarlas. Dejar a un lado.

Pelar la naranja y dividirla en gajos. Dejar a un lado.

Combinar la manzana, arándanos agrios, pera, frutillas, naranja y nuez moscada en una juguera. Pulsar y transferir a un vaso.

Agregar el agua y refrigerar, o añadir hielo antes de servir.

Información nutricional por porción: Kcal: 158, Proteínas: 4.7g, Carbohidratos: 47.9g, Grasas: 1.1g

12. Jugo de Durazno y Gala

Ingredientes:

2 duraznos grandes, sin carozo

1 manzana Gala grande, sin centro

1 taza de sandía, en cubos

5 cerezas frescas, sin carozo

3 onzas de agua de coco

Preparación:

Lavar los duraznos y cortarlos por la mitad. Remover los carozos y trozar. Dejar a un lado.

Lavar la manzana y cortarla por la mitad. Remover el centro y trozar. Dejar a un lado.

Cortar la sandía por la mitad. Para una taza, necesitará un gajo grande. Pelarlo y trozarlo. Remover las semillas y dejar a un lado. Reservar el resto en la nevera.

Lavar las cerezas y cortarlas por la mitad. Remover los carozos y dejar a un lado.

Procesar los duraznos, manzana, sandía y cerezas en una juguera. Transferir a un vaso y añadir el agua de coco.

Agregar hielo y servir inmediatamente.

Información nutricional por porción: Kcal: 276, Proteínas: 5.4g, Carbohidratos: 47.6g, Grasas: 1.6g

13. Jugo de Puerro y Lima

Ingredientes:

3 puerros grandes, en trozos

1 lima grande, sin piel

1 taza de coliflor, en trozos

1 calabacín grande, en trozos

2 onzas de agua

Preparación:

Lavar los puerros y trozarlos. Dejar a un lado.

Pelar la lima y cortarla por la mitad. Dejar a un lado.

Recortar las hojas externas de la coliflor. Lavar y trozar. Dejar a un lado.

Pelar el calabacín y cortarlo por la mitad. Quitar las semillas y trozar. Dejar a un lado.

Combinar el puerro, lima, coliflor y calabacín en una juguera. Pulsar y añadir el agua. Refrigerar 10 minutos antes de servir.

Información nutricional por porción: Kcal: 241, Proteínas: 13.2g, Carbohidratos: 64.7g, Grasas: 2.6g

14. Jugo de Damasco y Granada

Ingredientes:

1 taza de semillas de granada

1 limón grande, sin piel

1 damasco grande, sin carozo

1 naranja grande, en gajos

1 zanahoria grande, en rodajas

2 onzas de agua de coco

Preparación:

Cortar la parte superior de la granada y deslizar hacia las membranas blancas. Remover las semillas a un vaso medidor y dejar a un lado.

Pelar el limón y cortarlo por la mitad. Dejar a un lado.

Lavar el damasco y cortarlo por la mitad. Remover el carozo y trozar. Dejar a un lado.

Pelar la naranja y dividirla en gajos. Dejar a un lado.

Pelar y lavar la zanahoria. Cortar en rodajas finas y dejar a un lado.

Combinar las semillas de granada, limón, damasco, naranja y zanahoria en una juguera, y pulsar. Transferir a un vaso, añadir el agua de coco y hielo antes de servir.

Información nutricional por porción: Kcal: 241, Proteínas: 7.3g, Carbohidratos: 73.9g, Grasas: 2.3g

15. Jugo de Col Rizada y Perejil

Ingredientes:

1 taza de col rizada fresca, en trozos

1 taza de perejil fresco, en trozos

2 tazas de brócoli, recortado

1 manzana verde grande, en trozos

1 taza de espinaca fresca, en trozos

2 onzas de agua

Preparación:

Lavar el brócoli bajo agua fría y trozar. Dejar a un lado.

Combinar la col rizada, perejil y espinaca en un colador, y lavar bajo agua fría. Colar y trozar con las manos. Dejar a un lado.

Lavar la manzana y cortarla por la mitad. Remover el centro y trozar. Dejar a un lado.

Combinar la col rizada, perejil, brócoli, manzana y espinaca en una juguera. Pulsar y añadir el agua.

Refrigerar 10 minutos antes de servir.

Información nutricional por porción: Kcal: 223, Proteínas: 20.4g, Carbohidratos: 62.1g, Grasas: 3.5g

16. Jugo de Frutilla y Manzana

Ingredientes:

1 manzana roja grande, sin centro

2 frutillas grandes, en trozos

2 pomelos grandes, sin piel

1 nudo de jengibre pequeño, sin piel

2 onzas de agua de coco

Preparación:

Lavar la manzana y cortarla por la mitad. Remover el centro y trozar. Dejar a un lado.

Lavar y trozar las frutillas. Dejar a un lado.

Pelar los pomelos y dividirlos en gajos. Dejar a un lado.

Pelar el nudo de jengibre y dejar a un lado.

Combinar la manzana, frutillas, pomelos y jengibre en una juguera. Pulsar y transferir a un vaso. Añadir el agua de coco y refrigerar 20 minutos, o agregar hielo antes de servir.

Información nutricional por porción: Kcal: 302, Proteínas: 4.8g, Carbohidratos: 86.3g, Grasas: 1.7g

17. Jugo de Pera y Manzana

Ingredientes:

2 duraznos grandes, sin carozo

1 manzana Roja Deliciosa grande, sin centro

1 taza de frutillas, en trozos

1 limón grande, sin piel

1 kiwi grande, sin piel

1 naranja grande, sin piel

2 onzas de agua

Preparación:

Lavar los duraznos y cortarlos por la mitad. Remover los carozos y trozar. Dejar a un lado.

Lavar la manzana y cortarla por la mitad. Remover el centro y trozar. Dejar a un lado.

Lavar las frutillas bajo agua fría. Remover las partes verdes y trozar. Dejar a un lado.

Pelar el limón y kiwi. Cortarlos por la mitad y dejar a un lado.

Combinar los duraznos, manzana, frutillas, limón y kiwi en una juguera, y pulsar. Transferir a un vaso y añadir el agua. Agregar hielo y servir inmediatamente.

Información nutricional por porción: Kcal: 345, Proteínas: 7.8g, Carbohidratos: 105g, Grasas: 2.3g

18. Jugo de Frambuesas y Damascos

Ingredientes:

1 taza de frambuesas

3 damascos grandes, sin carozo

1 taza de moras

1 manzana Gala grande, sin centro

3 zanahorias grandes, sin piel

Preparación:

Combinar las frambuesas y moras en un colador grande. Lavar bajo agua fría y colar. Dejar a un lado.

Lavar los damascos y cortarlos por la mitad. Remover los carozos y trozar. Dejar a un lado.

Lavar la manzana y cortarla por la mitad. Remover el centro y trozar.

Lavar y pelar las zanahorias. Cortar en rodajas finas y dejar a un lado.

Combinar las frambuesas, damascos, moras, manzana y zanahorias en una juguera. Pulsar y transferir a un vaso. Añadir el agua y refrigerar 10-15 minutos antes de servir.

Información nutricional por porción: Kcal: 301, Proteínas: 7.6g, Carbohidratos: 97.4g, Grasas: 2.9g

19. Jugo de Kiwi y Lima

Ingredientes:

3 kiwis grandes, sin piel

1 lima grande, sin piel

1 calabacín grande, sin semillas

1 taza de semillas de granada

1 naranja grande, sin piel

Preparación:

Pelar los kiwis y lima. Cortarlos por la mitad y dejar a un lado.

Lavar el calabacín y cortarlo por la mitad. Remover las semillas, trozar y dejar a un lado.

Cortar la parte superior de la granada y deslizar hacia las membranas blancas. Remover las semillas a un vaso medidor y dejar a un lado.

Pelar la naranja y dividirla en gajos. Dejar a un lado.

Procesar los kiwis, lima, calabacín, semillas de granada y naranja en una juguera.

Transferir a un vaso y añadir hielo antes de servir.

Información nutricional por porción: Kcal: 183, Proteínas: 8.5g, Carbohidratos: 52.6g, Grasas: 1.6g

20. Jugo de Arándanos y Pepino

Ingredientes:

1 taza de arándanos

1 pepino grande, en rodajas

1 taza de mango, en trozos

1 manzana Zester grande, sin centro

2 onzas de agua

¼ cucharadita extracto de vainilla

Preparación:

Poner los arándanos en un colador y lavar bajo agua fría. Colar y dejar a un lado.

Lavar el pepino y cortarlo en rodajas finas. Dejar a un lado.

Lavar el mango y trozarlo. Rellenar un vaso medidor y reservar el resto para otro jugo.

Lavar la manzana y remover el centro. Trozar y dejar a un lado.

Combinar los arándanos, pepino, mango y manzana en una juguera, y pulsar.

Transferir a un vaso y añadir el extracto de vainilla. Agregar hielo antes de servir.

Información nutricional por porción: Kcal: 180, Proteínas: 5.9g, Carbohidratos: 63.5g, Grasas: 1.1g

21. Jugo de Zanahoria y Berro

Ingredientes:

2 zanahorias grandes, en rodajas

1 taza de berro, en trozos

1 taza de ananá, en trozos

1 lima grande, sin piel

1 nudo de jengibre pequeño, sin piel

2 onzas de agua

Preparación:

Lavar y pelar las zanahorias. Cortar en rodajas finas y dejar a un lado.

Lavar el berro bajo agua fría. Trozar y dejar a un lado.

Pelar el ananá y trozarlo. Dejar a un lado.

Pelar la lima y cortarla por la mitad. Dejar a un lado.

Pelar el jengibre y trozarlo. Dejar a un lado.

Combinar las zanahorias, berro, ananá, limón y jengibre en una juguera, y pulsar.

Transferir a vasos y añadir agua.

Agregar hielo y servir.

Información nutricional por porción: Kcal: 135, Proteínas: 3.3g, Carbohidratos: 40.6g, Grasas: 3.3g

22. Jugo de Lima y Apio

Ingredientes:

1 lima grande, sin piel

2 tallos de apio grandes, en trozos

2 pomelos grandes, sin piel

1 kiwi grande, sin piel

1 taza de lechuga de hoja roja, en trozos

2 onzas de agua

Preparación:

Pelar la lima y kiwi. Cortarlos por la mitad y dejar a un lado.

Lavar y trozar los tallos de apio. Dejar a un lado.

Pelar el pomelo y dividirlo en gajos. Dejar a un lado.

Lavar la lechuga bajo agua fría y trozarla. Dejar a un lado.

Combinar la lima, apio, pomelo, kiwi y lechuga en una juguera, y pulsar.

Transferir a un vaso y añadir el agua. Servir inmediatamente.

Información nutricional por porción: Kcal: 233, Proteínas: 6g, Carbohidratos: 70.7g, Grasas: 1.3g

23. Jugo de Damasco y Granada

Ingredientes:

2 damascos grandes, sin carozo

1 taza de semillas de granada

2 naranjas grandes, sin piel

1 taza de uvas verdes

1 limón grande, sin piel

1 rodaja de jengibre pequeña, sin piel

Preparación:

Lavar los damascos y cortarlos por la mitad. Remover los carozos y trozar. Dejar a un lado.

Cortar la parte superior de la granada y deslizar hacia las membranas blancas. Remover las semillas a un vaso medidor y dejar a un lado.

Pelar las naranjas y dividirlas en gajos. Dejar a un lado.

Pelar el limón y cortarlo por la mitad. Dejar a un lado.

Pelar la rodaja de jengibre y dejar a un lado.

Combinar los damascos, granada, naranjas, limón y

jengibre en una juguera. Pulsar y transferir a un vaso. Refrigerar 10 minutos antes de servir.

Información nutricional por porción: Kcal: 294, Proteínas: 7.2g, Carbohidratos: 88.9g, Grasas: 2.3g

24. Jugo de Naranja y Frambuesa

Ingredientes:

1 naranja grande, sin piel

1 taza de frambuesas

2 tazas de sandía, en trozos

1 kiwi grande, sin piel

2 onzas de agua de coco

Preparación:

Pelar la naranja y dividirla en gajos. Dejar a un lado.

Lavar las frambuesas bajo agua fría. Colar y dejar a un lado.

Cortar la sandía por la mitad. Para dos tazas, necesitará dos gajos grandes. Pelarlos y trozarlos. Remover las semillas y dejar a un lado. Reservar el resto en la nevera.

Pelar el kiwi y cortarlo por la mitad. Dejar a un lado.

Combinar la sandía, naranja, frambuesas y kiwi en una juguera. Pulsar y transferir a un vaso. Añadir el agua de coco y refrigerar 10 minutos antes de servir.

Información nutricional por porción: Kcal: 232, Proteínas: 5.8g, Carbohidratos: 71.4g, Grasas: 1.8g

25. Jugo Agrio de Manzana y Menta

Ingredientes:

1 manzana verde grande, sin centro

1 cucharada de menta fresca, en trozos

1 papaya grande, sin piel y en trozos

1 taza de semillas de granada

2 onzas de agua

Preparación:

Lavar la manzana y cortarla por la mitad. Remover el centro y trozar. Dejar a un lado.

Pelar la papaya y cortarla por la mitad. Remover las semillas y pulpa, trozar y dejar a un lado.

Cortar la parte superior de la granada y deslizar hacia las membranas blancas. Remover las semillas a un vaso medidor y dejar a un lado.

Combinar la manzana, menta, papaya y granada en una juguera. Pulsar y transferir a un vaso. Añadir agua y refrigerar antes de servir.

Información nutricional por porción: Kcal: 438, Proteínas: 6.1g, Carbohidratos: 129g, Grasas: 3.4g

26. Jugo de Lima y Guayaba

Ingredientes:

1 taza de ananá, en trozos

2 limas grandes, sin piel

1 taza de guayaba, en trozos

1 pepino grande, en rodajas

1 cucharada de menta fresca, en trozos

2 onzas de agua

Preparación:

Pelar las limas y cortarlas por la mitad. Dejar a un lado.

Lavar y trozar la guayaba. Rellenar un vaso medidor y reservar el resto en la nevera.

Cortar la parte superior del ananá y pelarlo. Trozar y rellenar un vaso medidor. Reservar el resto en la nevera.

Lavar el pepino y cortarlo en rodajas finas. Dejar a un lado.

Combinar las limas, guayaba, ananá, pepino y menta en una juguera. Pulsar y transferir a un vaso. Añadir el agua y refrigerar 15 minutos antes de servir.

Información nutricional por porción: Kcal: 158, Proteínas: 4.7g, Carbohidratos: 47.9g, Grasas: 1.1g

27. Jugo de Manzana y Espárragos

Ingredientes:

1 manzana roja grande, sin centro

1 taza de espárragos, recortados

1 taza de espinaca fresca, en trozos

1 taza de verdes de ensalada, en trozos

1 taza de verdes de mostaza, en trozos

2 onzas de agua

Preparación:

Lavar la manzana y cortarla por la mitad. Remover el centro y trozar. Dejar a un lado.

Recortar las puntas de los espárragos. Lavar y trozar. Dejar a un lado.

Combinar la espinaca, verdes de ensalada y verdes de mostaza en un colador grande. Lavar bajo agua fría y colar. Trozar y dejar a un lado.

Combinar la manzana, espárragos, espinaca, verdes de ensalada, y verdes de mostaza en una juguera, y pulsar. Transferir a un vaso y añadir el agua. Refrigerar 15 minutos antes de servir.

Información nutricional por porción: Kcal: 207, Proteínas: 16.1g, Carbohidratos: 58.6g, Grasas: 2.5g

28. Jugo de Manzana y Remolacha

Ingredientes:

1 manzana Roja Deliciosa grande, sin centro

1 taza de remolacha, en trozos

2 tazas de frambuesas

1 taza de menta fresca, en trozos

1 limón grande, sin piel

3 onzas de agua

Preparación:

Lavar la manzana y cortarla por la mitad. Remover el centro y trozar. Dejar a un lado.

Lavar la remolacha y recortar las puntas. Trozar y rellenar un vaso medidor. Reservar los verdes.

Lavar las frambuesas bajo agua fría. Colar y dejar a un lado.

Lavar la menta bajo agua fría y trozar. Dejar a un lado.

Pelar el limón y cortarlo por la mitad. Dejar a un lado.

Combinar la manzana, remolacha, frambuesas, menta y

limón en una juguera. Pulsar, añadir el agua y refrigerar 10 minutos antes de servir.

Información nutricional por porción: Kcal: 218, Proteínas: 7.5g, Carbohidratos: 76.4g, Grasas: 2.5g

29. Jugo de Guayaba y Lima

Ingredientes:

1 lima grande, sin piel

2 naranjas grandes, sin piel

1 guayaba grande, sin piel

1 pepino grande, en rodajas

2 onzas de agua

1 cucharadita néctar de agave

Preparación:

Pelar la lima y cortarla por la mitad. Dejar a un lado.

Pelar las naranjas y dividirlas en gajos. Dejar a un lado.

Pelar y lavar la guayaba. Trozar y dejar a un lado.

Lavar el pepino y cortarlo en rodajas finas. Dejar a un lado.

Combinar la lima, naranja, guayaba y pepino en una juguera, y pulsar.

Transferir a un vaso y añadir el agua y néctar de agave. Agregar hielo y servir inmediatamente.

Información nutricional por porción: Kcal: 210, Proteínas: 7g, Carbohidratos: 65.7g, Grasas: 1.3g

30. Jugo de Espinaca y Limón

Ingredientes:

1 taza de espinaca fresca, en trozos

1 limón grande, sin piel

1 taza de apio, en trozos

1 taza de menta fresca, en trozos

2 onzas de agua

Preparación:

Lavar la espinaca y menta en un colador. Trozar y poner en un tazón mediano. Dejar a un lado.

Pelar el limón y cortarlo por la mitad. Dejar a un lado.

Lavar los tallos de apio y trozarlos. Rellenar un vaso medidor y dejar a un lado.

Combinar la espinaca, limón, apio y menta en una juguera, y pulsar. Transferir a un vaso y añadir el agua.

Refrigerar 5 minutos antes de servir.

Información nutricional por porción: Kcal: 35, Proteínas: 3.1g, Carbohidratos: 13.2g, Grasas: 0.7g

31. Jugo de Pera y Pimiento

Ingredientes:

1 pera grande, sin centro

1 pimiento rojo grande, en trozos

2 tazas de remolacha, en trozos

1 limón grande, sin piel

1 rodaja de jengibre pequeña, sin piel

3 onzas de agua

Preparación:

Lavar la pera y cortarla por la mitad. Remover el centro y trozar. Dejar a un lado.

Lavar el pimiento y cortarlo por la mitad. Remover las semillas y trozar. Dejar a un lado.

Lavar la remolacha y recortar las puntas. Trozar y rellenar un vaso medidor. Reservar los verdes. Dejar a un lado.

Pelar el limón y cortarlo por la mitad. Dejar a un lado.

Pelar la rodaja de jengibre y cortarla por la mitad. Dejar a un lado.

Combinar la pera, pimiento, remolacha, limón y jengibre en una juguera. Pulsar y transferir a un vaso.

Añadir el agua y hielo antes de servir.

Información nutricional por porción: Kcal: 239, Proteínas: 7.5g, Carbohidratos: 76.7g, Grasas: 1.4g

32. Jugo de Manzana y Canela

Ingredientes:

1 manzana Granny Smith grande, sin centro

¼ cucharadita canela molida

2 tazas de calabaza, en cubos

1 pepino grande, en rodajas

1 taza de Acelga, en trozos

2 onzas de agua

Preparación:

Lavar la manzana y cortarla por la mitad. Remover el centro y trozar. Dejar a un lado.

Pelar la calabaza y cortarla por la mitad. Remover las semillas, cortar un gajo grande y pelarlo. Cortar en cubos y rellenar un vaso medidor. Reservar el resto.

Lavar el pepino y cortarlo en rodajas finas. Dejar a un lado.

Lavar la acelga bajo agua fría. Colar y trozar. Dejar a un lado.

Combinar la manzana, calabaza, pepino y acelga en una

juguera. Pulsar y añadir el agua y nuez moscada.

Refrigerar 10 minutos antes de servir.

Información nutricional por porción: Kcal: 196, Proteínas: 5.8g, Carbohidratos: 55.4g, Grasas: 1.1g

33. Jugo de Granada y Ciruela

Ingredientes:

1 taza de semillas de granada

4 ciruelas grandes, sin carozo

1 pimiento rojo grande, en trozos

1 taza de arándanos agrios

1 manzana Gala grande, sin centro

Preparación:

Cortar la parte superior de la granada y deslizar hacia las membranas blancas. Remover las semillas a un vaso medidor y dejar a un lado.

Lavar las ciruelas y cortarlas por la mitad. Remover los carozos y trozar. Dejar a un lado.

Lavar el pimiento y cortarlo por la mitad. Remover las semillas y trozar. Dejar a un lado.

Lavar los arándanos agrios y colar. Dejar a un lado.

Lavar la manzana y cortarla por la mitad. Remover el centro y trozar. Dejar a un lado.

Combinar la granada, ciruelas, arándanos agrios y

manzana en una juguera. Pulsar y añadir hielo antes de servir.

Información nutricional por porción: Kcal: 277, Proteínas: 6g, Carbohidratos: 83g, Grasas: 1.4g

34. Jugo de Moras y Pepino

Ingredientes:

1 taza de moras

1 pepino grande, en rodajas

5 ciruelas grandes, sin carozo

1 taza de repollo verde, en trozos

2 onzas de agua

Preparación:

Lavar las moras bajo agua fría. Colar y dejar a un lado.

Lavar el pepino y cortarlo en rodajas finas. Dejar a un lado.

Lavar las ciruelas y cortarlas por la mitad. Remover los carozos y cortar en cuartos. Dejar a un lado.

Lavar el repollo bajo agua fría. Colar y trozar. Dejar a un lado.

Combinar las moras, pepino, ciruelas y repollo en una juguera, y pulsar. Transferir a un vaso y añadir el agua. Refrigerar 10 minutos antes de servir.

Información nutricional por porción: Kcal: 221, Proteínas: 7.5g, Carbohidratos: 69.1g, Grasas: 2.1g

35. Jugo de Limón y Lima

Ingredientes:

1 limón grande, sin piel

1 lima grande, sin piel

1 alcachofa grande, en trozos

1 calabacín mediano, en trozos

1 taza de menta fresca, en trozos

1 taza de repollo morado, en trozos

2 onzas de agua

Preparación:

Pelar el limón y lima. Cortarlos por la mitad y dejar a un lado.

Remover las hojas externas de la alcachofa. Lavar y trozar. Dejar a un lado.

Pelar el calabacín y cortarlo por la mitad. Remover las semillas y pelarlo. Trozar y dejar a un lado.

Combinar la menta y repollo en un colador. Lavar bajo agua fría y trozar. Dejar a un lado.

Combinar el limón, lima, alcachofa, calabacín, albahaca y repollo en una juguera. Pulsar y añadir el agua.

Refrigerar 15 minutos antes de servir.

Información nutricional por porción: Kcal: 104, Proteínas: 10.4g, Carbohidratos: 38.1g, Grasas: 1.3g

36. Jugo Salado Verde

Ingredientes:

1 taza de berro, en trozos

1 taza de verdes de ensalada, en trozos

1 taza de espárragos, recortados

1 pimiento verde, en trozos

1 pepino grande, en rodajas

2 onzas de agua

¼ cucharadita sal

Preparación:

Combinar el berro y verdes de ensalada en un colador, y lavar bajo agua fría. Trozar y dejar a un lado.

Lavar los espárragos y recortar las puntas. Trozar y rellenar un vaso medidor. Reservar el resto.

Lavar el pimiento y cortarlo por la mitad. Remover las semillas y trozar. Dejar a un lado.

Lavar el pepino y cortarlo en rodajas finas. Dejar a un lado.

Combinar el berro, verdes de ensalada, espárragos, pimiento y pepino en una juguera, y pulsar. Transferir a un vaso y añadir la sal y agua. Refrigerar 10-15 minutos antes de servir.

Información nutricional por porción: Kcal: 86, Proteínas: 8.2g, Carbohidratos: 26.1g, Grasas: 1g

37. Jugo de Espárragos y Limón

Ingredientes:

1 taza de espárragos frescos, recortado y en trozos

1 limón entero, sin piel

1 taza de semillas de granada

1 cucharada de miel líquida

1 onza de agua

Preparación:

Lavar los espárragos y recortar las puntas. Trozar y dejar a un lado.

Pelar el limón y cortarlo en cuartos. Dejar a un lado.

Cortar la parte superior de la granada y deslizar hacia las membranas blancas. Remover las semillas a un vaso medidor y dejar a un lado.

Combinar los espárragos, limón y semillas de granada en una juguera, y pulsar. Transferir a un vaso y añadir la miel y agua.

Agregar hielo y servir.

Información nutricional por porción: Kcal: 145, Proteínas: 5.1g, Carbohidratos: 26.8g, Grasas: 1.3g

38. Jugo de Arándanos y Lima

Ingredientes:

2 tazas de arándanos

1 lima entera, sin piel

1 taza de sandía, en cubos

1 taza de menta fresca, en trozos

¼ cucharadita pimienta cayena, molida

1 onza de agua

Preparación:

Poner los arándanos en un colador y lavarlos bajo agua fría. Dejar a un lado.

Pelar la lima y cortarla por la mitad. Dejar a un lado.

Cortar un gajo grande de sandía. Pelarlo y cortar en cubos. Remover las semillas y dejar a un lado.

Lavar la albahaca y trozarla. Dejar a un lado.

Combinar los arándanos, lima, sandía y albahaca en una juguera. Pulsar, transferir a un vaso y añadir la pimienta cayena y agua.

Refrigerar 5 minutos antes de servir.

Información nutricional por porción: Kcal: 198, Proteínas: 4.1g, Carbohidratos: 58.7g, Grasas: 1.4g

39. Jugo de Mango y Menta

Ingredientes:

1 taza de mango, en trozos

1 taza de menta fresca, en trozos

1 pomelo entero, sin piel

1 banana grande, sin piel

2 frutillas grandes, en trozos

Preparación:

Pelar el mango y trozarlo. Rellenar un vaso medidor y reservar el resto en la nevera.

Lavar la menta y trozarla. Dejar a un lado.

Pelar el pomelo y dividirlo en gajos. Cortar cada gajo por la mitad y dejar a un lado.

Pelar la banana y trozarla. Dejar a un lado.

Lavar las frutillas y remover las hojas. Trozar y dejar a un lado.

Combinar el mango, menta, pomelo, banana y frutillas en una juguera, y pulsar. Transferir a un vaso y añadir hielo antes de servir.

Información nutricional por porción: Kcal: 301, Proteínas: 5.9g, Carbohidratos: 88.5g, Grasas: 1.7g

40. Jugo de Remolacha y Naranja

Ingredientes:

1 remolacha entera, en rodajas

1 naranja mandarina pequeña, en gajos

1 taza de ananá, en trozos

2 cucharadas de agua de coco

¼ cucharadita jengibre, molido

Preparación:

Lavar y recortar la remolacha. Cortar en rodajas finas y dejar a un lado.

Pelar la naranja y dividirla en gajos. Cortar cada gajo por la mitad y dejar a un lado.

Cortar la parte superior del ananá y pelarlo. Trozar y rellenar un vaso medidor. Reservar el resto en la nevera.

Combinar la remolacha, naranja y ananá en una juguera, y pulsar. Transferir a un vaso y añadir el agua de coco y jengibre.

Agregar hielo picado y servir inmediatamente.

Información nutricional por porción: Kcal: 135, Proteínas: 3.1g, Carbohidratos: 40.7g, Grasas: 0.5g

41. Jugo de Col Rizada y Menta

Ingredientes:

1 taza de apio, en trozos

1 taza de col rizada fresca, en trozos

1 taza de menta fresca, en trozos

1 lima entera, sin piel

1 manzana Granny Smith pequeña, sin centro

Preparación:

Combinar la col rizada y menta en un colador grande. Lavar bajo agua fría, colar y trozar. Dejar a un lado.

Lavar el apio y trozarlo. Rellenar un vaso medidor y dejar a un lado.

Pelar y trozar la lima. Dejar a un lado.

Lavar la manzana y cortarla por la mitad. Remover el centro y trozar. Dejar a un lado.

Combinar la col rizada, menta, apio, lima y manzana en una juguera, y pulsar. Transferir a un vaso y añadir hielo antes de servir.

Información nutricional por porción: Kcal: 121, Proteínas: 5.3g, Carbohidratos: 35.8g, Grasas: 1.3g

42. Jugo de Apio y Zester

Ingredientes:

2 tallos de apio medianos, en trozos

1 manzana Zester pequeña, sin centro

1 taza de col rizada fresca, en trozos

1 taza de Lechuga romana, rallada

Preparación:

Lavar los tallos de apio y trozarlos. Dejar a un lado.

Lavar la manzana y cortarla por la mitad. Remover el centro y trozar. Dejar a un lado.

Lavar la col rizada bajo agua fría. Colar y trozar. Dejar a un lado.

Lavar las hojas de lechuga y rallarla. Rellenar un vaso medidor y reservar el resto.

Combinar el apio, manzana, col rizada y lechuga en una juguera, y pulsar. Transferir a un vaso y añadir hielo antes de servir.

Información nutricional por porción: Kcal: 103, Proteínas: 4.6g, Carbohidratos: 29.4g, Grasas: 1.2g

43. Jugo Verde de Jengibre

Ingredientes:

1 taza de verdes de ensalada, en trozos

2 tazas de Acelga, en trozos

1 taza de col rizada fresca, en trozos

1 limón entero, sin piel

1 taza de pepino, en rodajas

¼ cucharadita jengibre, molido

Preparación:

Combinar los verdes de ensalada, acelga y col rizada en un colador grande. Lavar bajo agua fría, colar y trozar. Dejar a un lado.

Pelar el limón y cortarlo por la mitad. Dejar a un lado.

Lavar el pepino y cortarlo en rodajas finas. Rellenar un vaso medidor y reservar el resto en la nevera. Dejar a un lado.

Combinar la acelga, col rizada, verdes de ensalada, limón y pepino en una juguera. Pulsar.

Transferir a un vaso y añadir el jengibre.

Información nutricional por porción: Kcal: 57, Proteínas: 6.3g, Carbohidratos: 17.8g, Grasas: 1.2g

44. Jugo de Brócoli y Pepino

Ingredientes:

1 taza de brócoli, en trozos

1 taza de pepino, en rodajas

1 pimiento rojo grande, en trozos

1 tallo de apio grande, en trozos

¼ cucharadita de jengibre, molido

Preparación:

Lavar el brócoli y recortar las capas marchitas. Trozar y dejar a un lado.

Lavar el pepino y cortarlo en rodajas finas. Rellenar un vaso medidor y reservar el resto en la nevera.

Lavar el pimiento y cortarlo por la mitad. Remover las semillas, cortar en rodajas finas y dejar a un lado.

Lavar y trozar el tallo de apio. Dejar a un lado.

Combinar el pimiento, brócoli, pepino y apio en una juguera, y pulsar. Transferir a un vaso y añadir el jengibre.

Refrigerar 10 minutos antes de servir.

Información nutricional por porción: Kcal: 71, Proteínas: 4.9g, Carbohidratos: 19.7g, Grasas: 1g

45. Jugo de Brotes de Bruselas y Zanahoria

Ingredientes:

1 taza de Brotes de Bruselas, recortados

1 zanahoria grande, en rodajas

1 alcachofa grande, sin piel y en trozos

1 taza de apio fresco, en trozos

1 taza de verdes de nabo, en trozos

1 manzana verde grande, sin centro

½ cucharadita de cúrcuma molida

2 onzas de agua

Preparación:

Recortar las hojas externas de los brotes de Bruselas y lavar bien. Cortarlos por la mitad y dejar a un lado.

Lavar la zanahoria y cortarla en rodajas finas. Dejar a un lado.

Recortar las hojas externas de la alcachofa. Trozar y dejar a un lado.

Lavar y trozar el apio. Dejar a un lado.

Lavar la manzana y cortarla por la mitad. Remover el centro y trozar. Dejar a un lado.

Lavar los verdes de nabo y trozar. Dejar a un lado.

Combinar los brotes de Bruselas, zanahoria, alcachofa, apio, verdes de nabo y manzana en una juguera, y pulsar. Transferir a un vaso y añadir la cúrcuma y agua. Agregar hielo antes de servir.

Información nutricional por porción: Kcal: 205, Proteínas: 11.3g, Carbohidratos: 66.7g, Grasas: 1.4g

46. Jugo de Calabaza y Chirivías

Ingredientes:

3 pimientos rojos grandes, en trozos

1 taza de zapallo calabaza, en cubos

1 taza de chirivías, en rodajas

1 cucharada de perejil fresco, en trozos

¼ cucharadita sal

2 onzas de agua

Preparación:

Pelar el zapallo calabaza y remover las semillas. Cortar en cubos pequeños y rellenar un vaso medidor. Reservar el resto en la nevera.

Lavar y pelar las chirivías. Cortar en rodajas finas y dejar a un lado.

Lavar los pimientos y cortarlos por la mitad. Remover las semillas y trozar.

Combinar el zapallo calabaza, chirivías, pimiento y perejil en una juguera. Pulsar, transferir a un vaso y añadir el agua y sal. Agregar hielo y servir inmediatamente.

Información nutricional por porción: Kcal: 238, Proteínas: 7.9g, Carbohidratos: 70.2g, Grasas: 2.1g

47. Jugo de Manzana y Mango

Ingredientes:

1 manzana mediana, sin centro

1 taza de mango, en trozos

1 taza de semillas de granada

1 rodaja de jengibre pequeña

¼ cucharadita canela molida

1 onza de agua

Preparación:

Lavar la manzana y cortarla por la mitad. Remover el centro y trozar. Dejar a un lado.

Pelar y trozar el mango. Rellenar un vaso medidor y reservar el resto en la nevera. Dejar a un lado.

Cortar la parte superior de la granada y deslizar hacia las membranas blancas. Remover las semillas a un vaso medidor y dejar a un lado.

Pelar y trozar el jengibre. Dejar a un lado.

Combinar la manzana, mango, semillas de granada y jengibre en una juguera, y pulsar. Transferir a un vaso y añadir la canela y agua.

Refrigerar 10 minutos antes de servir.

Información nutricional por porción: Kcal: 227, Proteínas: 3.6g, Carbohidratos: 64.1g, Grasas: 1.9g

48. Jugo de Zanahoria y Berro

Ingredientes:

1 zanahoria grande, en rodajas

1 taza de berro, en trozos

1 taza de calabaza, en cubos

1 manzana Dorada Deliciosa pequeña, sin centro y en trozos

1 limón entero, sin piel

Preparación:

Lavar y pelar la zanahoria. Cortar en rodajas finas y dejar a un lado.

Lavar el berro bajo agua fría. Colar y trozar. Dejar a un lado.

Cortar la parte superior de la calabaza. Cortarla por la mitad y remover las semillas. Cortar un gajo grande y pelarlo. Trozar en cubos y rellenar un vaso medidor. Reservar el resto en la nevera.

Lavar la manzana y cortarla por la mitad. Remover el centro y trozar. Dejar a un lado.

Pelar el limón y cortarlo por la mitad. Dejar a un lado.

Combinar la zanahoria, berro, calabaza, manzana y limón en una juguera, y pulsar. Transferir a un vaso y añadir hielo antes de servir.

Información nutricional por porción: Kcal: 126, Proteínas: 3.6g, Carbohidratos: 37.8g, Grasas: 0.7g

49. Jugo de Ananá y Espinaca

Ingredientes:

1 taza de ananá, en trozos

1 taza de espinaca, en trozos

1 taza de cerezas, sin carozo

1 limón entero, sin piel

¼ cucharadita canela molida

1 onza de agua

Preparación:

Cortar la parte superior del ananá. Remover la piel y cortarlo en rodajas finas. Rellenar un vaso medidor y reservar el resto en la nevera.

Lavar la espinaca bajo agua fría y colar. Trozar y dejar a un lado.

Poner las cerezas en un colador mediano. Lavar bajo agua fría, cortarlas por la mitad y remover los carozos. Rellenar un vaso medidor y reservar el resto en la nevera.

Pelar el limón y cortarlo por la mitad. Dejar a un lado.

Combinar el ananá, espinaca, cerezas y limón en una

juguera, y pulsar. Transferir a un vaso y añadir el agua.

Agregar hielo picado y servir inmediatamente.

Información nutricional por porción: Kcal: 196, Proteínas: 9.2g, Carbohidratos: 59.3g, Grasas: 1.5g

50. Jugo de Naranja y Manzana

Ingredientes:

1 taza de papaya, en trozos

1 naranja grande, sin piel

1 manzana Granny Smith pequeña, sin centro

1 taza de menta fresca, en trozos

1 cucharada de albahaca fresca, en trozos

Preparación:

Pelar la naranja y dividirla en gajos. Cortar cada gajo por la mitad y dejar a un lado.

Lavar la manzana y cortarla por la mitad. Remover el centro y trozar. Dejar a un lado.

Lavar y pelar la papaya. Cortarla por la mitad y remover las semillas. Trozar y rellenar un vaso medidor. Reservar el resto en la nevera.

Lavar la menta bajo agua fría. Colar y trozar. Dejar a un lado.

Combinar la naranja, manzana, papaya, menta y albahaca en una juguera, y pulsar. Transferir a un vaso y añadir hielo.

Servir inmediatamente.

Información nutricional por porción: Kcal: 199, Proteínas: 4.1g, Carbohidratos: 60.1g, Grasas: 1.1g

51. Jugo de Chirivías y Zanahoria

Ingredientes:

1 taza de chirivías, en rodajas

1 zanahoria grande, en rodajas

1 taza de coliflor, en trozos

1 taza de hinojo, recortado y en trozos

1 lima entera, sin piel

Preparación:

Lavar y pelar las chirivías. Cortar en rodajas finas y rellenar un vaso medidor. Reservar el resto.

Lavar y pelar la zanahoria. Cortar en rodajas finas y dejar a un lado.

Lavar la coliflor y recortar las hojas externas. Trozar y rellenar un vaso medidor. Reservar el resto.

Recortar las capas marchitas del hinojo. Lavar y trozar. Rellenar un vaso medidor y reservar el resto. Dejar a un lado.

Pelar la lima y cortarla por la mitad. Dejar a un lado.

Combinar las chirivías, zanahoria, coliflor, hinojo y lima en una juguera, y pulsar.

Transferir a un vaso y refrigerar 10 minutos antes de servir.

Puede añadir cúrcuma o jengibre para más sabor.

Información nutricional por porción: Kcal: 141, Proteínas: 5.6g, Carbohidratos: 46.2g, Grasas: 1.1g

52. Jugo de Menta y Manzana

Ingredientes:

1 taza de menta fresca, en trozos

1 manzana roja grande, sin centro

1 taza de arándanos

1 pepino grande, en rodajas

2 onzas de agua de coco

Preparación:

Lavar y trozar la menta. Dejar a un lado.

Lavar la manzana y cortarla por la mitad. Remover el centro y trozar. Dejar a un lado.

Poner los arándanos en un colador y lavar bajo agua fría. Colar y dejar a un lado.

Lavar y pelar el pepino. Cortar en rodajas finas y dejar a un lado.

Combinar la menta, manzana, arándanos y pepino en una juguera. Pulsar y transferir a un vaso. Añadir el agua de coco y refrigerar 10 minutos antes de servir.

Información nutricional por porción: Kcal: 258, Proteínas: 4.7g, Carbohidratos: 74.6g, Grasas: 1.6g

53. Jugo de Brotes de Bruselas y Pimiento

Ingredientes:

1 taza de Brotes de Bruselas, por la mitad

1 pimiento amarillo grande, en trozos

1 bulbo de hinojo mediano, en trozos

1 pepino grande, en rodajas

¼ cucharadita sal

2 onzas de agua

Preparación:

Recortar las hojas externas de los brotes de Bruselas. Cortarlos por la mitad y dejar a un lado.

Lavar el pimiento y cortarlo por la mitad. Remover las semillas y trozar. Dejar a un lado.

Recortar las capas marchitas del hinojo. Trozar y dejar a un lado.

Lavar el pepino y cortarlo en rodajas finas. Dejar a un lado.

Combinar los brotes de Bruselas, pimientos, hinojo y pepino en una juguera. Pulsar y añadir la sal y agua.

Refrigerar 10 minutos antes de servir.

Información nutricional por porción: Kcal: 151, Proteínas: 9.7g, Carbohidratos: 47.6g, Grasas: 1.4g

54. Jugo de Frijoles y Remolacha

Ingredientes:

1 taza de frijoles verdes, en trozos

1 taza de verdes de remolacha, en trozos

1 taza de menta fresca, en trozos

2 tazas de apio, en trozos

1 pepino grande, en rodajas

2 onzas de agua

¼ cucharadita sal

Preparación:

Lavar los frijoles verdes y trozarlos. Dejar a un lado.

Combinar los verdes de remolacha y menta en un colador. Lavar bajo agua fría y trozar. Dejar a un lado.

Lavar y trozar el apio. Dejar a un lado.

Lavar el pepino y cortarlo en rodajas finas. Dejar a un lado.

Combinar los frijoles verdes, verdes de remolacha, apio, menta y pepino en una juguera. Pulsar y transferir a un vaso. Añadir el agua y sal.

Refrigerar 10 minutos antes de servir.

Información nutricional por porción: Kcal: 91, Proteínas: 6.1g, Carbohidratos: 26.1g, Grasas: 1g

55. Jugo de Limón y Acelga

Ingredientes:

1 limón grande, sin piel

1 taza de Acelga, en trozos

1 taza de albahaca fresca, en trozos

1 manzana Zester grande, sin centro

1 taza de menta fresca, en trozos

2 onzas de agua

Preparación:

Pelar el limón y cortarlo por la mitad.

Combinar la acelga, albahaca y menta en un colador grande. Lavar bajo agua fría y trozar. Dejar a un lado.

Lavar la manzana y cortarla por la mitad. Remover el centro y trozar. Dejar a un lado.

Combinar el limón, acelga, albahaca, menta y manzana en una juguera, y pulsar. Transferir a un vaso y añadir el agua.

Refrigerar 15 minutos antes de servir.

Información nutricional por porción: Kcal: 126, Proteínas: 3.9g, Carbohidratos: 39.1g, Grasas: 1.1g

56. Jugo de Tomate y pepino

Ingredientes:

1 tomate grande, en trozos

1 pepino grande, en rodajas

2 tazas de remolachas, recortadas

3 rábanos grandes, recortados

½ cucharadita romero fresco, en trozos

¼ cucharadita sal marina

1 onza de agua

Preparación:

Lavar el tomate y ponerlo en un tazón. Trozarlo y reservar el jugo. Dejar a un lado.

Lavar el pepino y cortarlo en rodajas finas. Dejar a un lado.

Lavar la remolacha y recortar las puntas. Trozar y dejar a un lado.

Lavar los rábanos y recortar las puntas. Cortar por la mitad y dejar a un lado.

Combinar el tomate, pepino, remolacha, rábano y romero en una juguera. Pulsar y transferir a un vaso. Añadir la sal y agua. Refrigerar 15 minutos antes de servir.

Información nutricional por porción: Kcal: 152, Proteínas: 8.2g, Carbohidratos: 44.9g, Grasas: 1.2g

OTROS TITULOS DE ESTE AUTOR

70 Recetas De Comidas Efectivas Para Prevenir Y Resolver Sus Problemas De Sobrepeso: Queme Calorías Rápido Usando Dietas Apropiadas y Nutrición Inteligente

Por

Joe Correa CSN

48 Recetas De Comidas Para Eliminar El Acné: ¡El Camino Rápido y Natural Para Reparar Sus Problemas de Acné En 10 Días O Menos!

Por

Joe Correa CSN

41 Recetas De Comidas Para Prevenir el Alzheimer: ¡Reduzca El Riesgo de Contraer La Enfermedad de Alzheimer De Forma Natural!

Por

Joe Correa CSN

70 Recetas De Comidas Efectivas Para El Cáncer De Mama: Prevenga Y Combata El Cáncer De Mama Con una Nutrición Inteligente y Alimentos Poderosos

Por

Joe Correa CSN

www.ingramcontent.com/pod-product-compliance
Lightning Source LLC
Chambersburg PA
CBHW030330080526
44584CB00012B/791